El *Dreamer*
#YoTambienSoyInmigrante

Yosvany R. García Corpas

El *Dreamer.* *#YoTambienSoyInmigrante*

Copyright © 2019 Yosvany R. García Corpas

All rights reserved.

ISBN-13: 978-0-578-43717-0

Ed. Garcia-Corpas, USA, 2019

ÍNDICE

	I just want to… entender	i
1	Juan	1
2	Indocumentado	15
3	Juan Holmes	19
4	Johnny	26
5	José	35
6	El *Dreamer*	40
7	Sueños ajenos	46
8	El día D y el día G	58
9	*In My Facebook*	67
10	Hacerme cargo	80
11	Atento	85
12	¿Paz?	95
13	Mi vecino ruso	98
14	El Gran Sueño	107

I JUST WANT TO… ENTENDER…

Nunca le preguntaron si quería venir… y hoy le llaman *"dreamer"* porque su pasaporte es mexicano, pero él no recuerda a otro país que USA…

Su barrio está cerca de New Orleans, pero en la mesa de casa no faltan las tortillas de maíz, el chile y el guacamole…

His first language is English, y sus maestros desde *Pre-K* fueron: *Miss Peggy, Mr Brown, Mr Thomas and Bryan*…

Hoy… hoy fue un día confuso… un juez le dijo que debía volver a su país… y él no entiende… nunca pensó que tuviese otro país…

El *Dreamer. #YoTambienSoyInmigrante*

1. JUAN

Hola, soy Juan.

Sí, ya sé que es un nombre común y muy gastado. En cada película, libro, o historia donde aparecen hispanos siempre hay un Juan, un Pedro, y una María… pero en realidad es mi nombre, María es mi madre, ¿Y Pedro? Bueno, no hay un Pedro en esta historia pero generalmente hay alguno.

Soy otro de los tantos que al crecer no se sintió feliz con su nombre. ¿Recuerdas el primero de tus problemas? Yo sí, y fue justamente mi nombre. Era tan hispano, tan latino, tan del otro lado de la frontera que me molestaba aún el hecho de escribirlo. Solo mi abuela insistía en llamarme así, pero lo empeoraba porque me decía: Juanito. Suerte que nadie la escuchaba porque con ella solo hablaba por teléfono.

Recuerdo que con la Abu hablábamos cada día, y ella me contaba de Rocco, mi perro, y me decía que se había quedado como triste, y que pasaba todo el tiempo cerca de mi camita en el cuarto del fondo.

Porque hay ciertas cosas en los animales que hace que los humanos, demasiadas veces, sintamos la más pura y justa "envidia" hacia ellos.

Mi Rocco, según la Abu, alrededor del medio día salía como esperando que yo llegara de mi *Day Care*, que era en la casa de doña Carmen pues ella cuidaba de mí desde bebé, porque mi mama tenía que trabajar hasta muy tarde. Entonces mi Abu le ponía el teléfono a Rocco en la oreja para que yo le hablara y le alegrara el día. Ella, en cambio, se quedaba callada y hacía pausas muy largas mientras yo la oía limpiarse la nariz, y cuando le preguntaba, me decía que tenía gripa, y aunque yo no le contradecía, me daba cuenta de que ella estaba llorando.

Porque hasta en eso Rocco nos llevaba ventaja, pues él no tenía problemas en aullar, saltar, mover su cola como hélice de helicóptero, o pararse bajo el sol cada día durante años para esperarme. Porque Rocco no intentaba esconder sus sentimientos por miedo al ridículo, o por temor a verse débil, porque lo más lindo de mi perro era que yo sabía que me quería porque él me lo hacía sentir sin tantos reparos ni miedos.

> "… no intentaba esconder sus sentimientos por miedo al ridículo, o por temor a verse débil, porque lo más lindo de mi perro, era que yo sabía que me quería porque él me lo hacía sentir sin tantos reparos ni miedos."

Aquel día estaba manejando de regreso a casa y pensando. La audiencia con el juez no había salido como esperábamos. Mamá venía en el asiento de al lado y la notaba cansada, pero ella jamás lo admitía. La vi cerrar los ojos y pensé que se había quedado dormida, mientras tanto yo solo ocupaba mi tiempo en pensar.

Porque era uno de esos días en los que por alguna razón estaba pensando y me di cuenta de que era algo que no hacía con frecuencia. Usualmente en lugar de pensar, casi en modo automático silenciaba mis pensamientos con ruido ajeno. Ese ruido de la música, noticias, películas, amigos. Ruidos y pensamientos ajenos, de esos pensamientos que luego repetía como si fueran míos pero que en realidad no lo eran. Pero aquel día estaba pensando y logré darme cuenta de que me había estado convirtiendo en alguien que en lugar de pensar y decir, solo reflejaba y repetía. Aquel día, cuando cualquier ruido me molestaba pude quedarme solo conmigo y pensar. Pensar y recordar cómo empezó todo.

Es cierto que yo tenía una vida, una vida que debía enfrentar pero me resistía a vivirla. Ese raro sentimiento que se me revolvía en el estómago parecía controlarme todo el tiempo. Me sentía parte de una sociedad que me estigmatizaba, una sociedad donde no lograba encajar, donde no podía ser yo pues los estereotipos me habían condenado.

Mi altura, el color de mi piel, mi cabello ingobernable, mi carita redondeada y mi acento le gritaban a todos que yo no pertenecía a este sitio.

Entonces mi vida se llenó de justificaciones. Inventaba enfermedades para no ir a clase, me esforzaba por imitar ese peculiar acento sureño típico de la ciudad de New Orleans. Usaba excéntricos cortes de cabello, pantalones extra grandes con la correa más cerca de mis rodillas que de mi cintura. Pero no se trataba de rebeldía como la mayoría pensaba, yo solo trataba de diluir mi existencia en una sociedad nueva y diferente, intentando verme más normal, más como todos, más del grupo. Porque detrás de todas mis prácticas y mis justificaciones había solo una cosa: miedo.

Miedo a vivir, miedo a enfrentar, miedo a no ser aceptado, miedo a fracasar. Ese miedo que quizás no estaba solo en mi cabeza, sino en la de muchos niños inmigrantes como yo.

Luego murió Rocco y con él fueron muriendo los vínculos y los recuerdos. Y con mi Abu ya no hablábamos tan seguido, porque mi español se fue perdiendo, quizás en mis temores o complejos, quizás en la costumbre, pero lo perdí y ella no entendía el inglés, así que hablar ya no tenía mucho sentido, por lo que mamá se convirtió en nuestra intermediaria, o en nuestra intérprete, para ser más justos.

Por eso Juan, mi nombre, lo reemplacé por *JC*, que eran las iniciales de Juan Carlos mi nombre oficial. Me angustiaba ver a mi madre haciendo cuasi magia cuando en la escuela o alguna visita al médico le preguntaban:

—*What's his name?* (¿Cuál es su nombre?)

Y allí comenzaban las adivinanzas, pues *Mom* contestaba:

—Juan Carlos Urreiztieta.

Y del otro lado venía el dramático intento:

—*Joan Corrr Whats…?*

—Juan —volvía a decir *my Mom*—, Juaaaannnn Caaaarrrrlooooossss Uuuurrrreeiiizzztieeeetaaa.

Alargando mucho el nombre y mirando fijamente a la persona como suplicando que la entendieran. Así que durante mucho tiempo explicar mi nombre se convirtió en una verdadera odisea.

—¿Cómo no podían entender Juan Carlos Urreiztieta? —Me decía mamá con cara de frustración al salir de cada entrevista.

Y en mi cabecita de 5 o 6 años me parecía imposible que no lo entendieran, pues los nombres de mis nuevos amigos de la escuela, esos sí eran realmente complicados y todos parecían memorizarlos muy fácilmente.

Hasta que Miss Peggy, una de mis maestras, un día me llamó por *JC* y se me iluminó el rostro. Me sentí tan afortunado. ¡Al fin mi nombre sonaba como el de los otros! Ellos eran Jake, Ted, Mark, incluso había un John, ¡Pero yo era Juan Carlos! ¡Juan Carlos Urreiztieta! El hispano del nombre impronunciable de la escuela. Por lo que *JC* me hizo sentir parte del grupo con nombres *cool*.

En casa mi mamá se esforzaba tanto por ayudarme con todo. Esas cosas que solo hacen las mamás porque son únicas. Porque parecen tener un extra para todo. Todos quieren, pero mamá quiere extra, todos se ocupan, pero mamá se ocupa extra, todos se preocupan, pero mamá se preocupa extra, todos cuidan, pero mamá cuida extra, todos ayudan, pero mamá ayuda extra. Parece que están hechas de algún material secreto que solo se utiliza en ellas y para ellas, y de ese material estaba hecha mi mamá.

Yo la observaba intentando descifrar las orientaciones del contenido de clases de un niño de primer grado y sufrir en el proceso. Su estrategia consistía en darme algún juguete para que yo me entretuviera mientras ella repasaba todo primero. Interpretaba cada detalle con *Google Translator*, escribía algunas notas en su propio cuaderno, y luego me llamaba victoriosa para explicarme los detalles de mis tareas para el día siguiente.

"Siempre vamos a estar juntos, mijo"

Ella siempre me recordaba la promesa que me hizo allá en Mapastepec el día que salimos de casa rumbo a USA: "Siempre vamos a estar juntos, mijo". Yo realmente no recuerdo nada de ese día, y ella prefiere no hablar del tema, pero la promesa de estar juntos creo que me la ha repetido cada día desde entonces. En realidad no sé si es para que yo no la olvide, o para recordárselo ella misma.

Les confieso que cuando llegué a la adolescencia, me molestaba un poco que siempre estuviera como pegada a mí. Con frecuencia alguna amiga le decía:

—Hey María, tú tienes que cortar el cordón del ombligo de ese muchacho.

«¿El cordón del ombligo?» Me preguntaba yo.

—*What are they talking about, mom?* (¿De qué hablan ellas mami?)

—No le hagas caso mijo —me contestaba ella con cara medio enojada—, yo soy tu madre y sé lo que hago. Y recuerda que yo te prometí que siempre estaríamos juntos.

Sí, y cumplió su promesa. Obviamente no me molesta su compañía, ahora soy yo quien no quiere olvidar, soy yo quien quiere estar ahí siempre para ella así como ella ha estado para mí.

Porque tenemos que aprender a saber estar. Así como Rocco, quien hasta el día que murió salió a esperarme al jardín de nuestra casita en Mapastepec, y cada noche se iba a dormir al lado de mi cama ya vieja. Rocco

> "… Aprender a estar, aprender a quedarnos. Y aprender que los abrazos fuertes y largos son suficientes para que alguien quiera quedarse."

fue uno de esos que sabían lo que significaba estar… quedarse. Y yo nunca le di nada para que se quedara excepto abrazos, muchos abrazos fuertes y largos. Si algún día los humanos llegamos a aprender lo que aprendió

Rocco creo que seríamos más felices. Aprender a estar, aprender a quedarnos. Y aprender que los abrazos fuertes y largos son suficientes para que alguien quiera quedarse.

Pero mi mamá, que es de esas que piensan que nunca es suficiente, de esas que necesitan agregar sus extras sin pedir nada a cambio, porque está como hecha de ese raro material exclusivo para hacer mamás. Ella se levantaba como reloj a las 4:30 de la madrugada de cada día. Y muchas veces, aun medio dormido, yo la veía orar arrodillada al lado de mi cama, pues esa era su primera tarea del día. Entonces a las 6:00 am (de lunes a viernes) me llamaba, y yo, con movimiento zombi, me vestía con la ropa que ella había colocado a mi lado.

En la mesa ya estaban los huevos revueltos, las tortillas calentitas, el champurrado, además de mi almuerzo preparado y mi mochila. Así que cuando el *bus* pasaba a las 7:00, yo estaba listo, esperando para subir. Luego ella salía a limpiar las casas en las que trabajaba, y a las 4:00 pm en punto, cuando el *bus* me traía de regreso, ella siempre estaba afuera esperándome con un abrazo que a los 10 años ya comenzó a avergonzarme, pero que en el fondo disfrutaba muchísimo.

Es verdad que la rutina puede aburrir, pero ciertas rutinas me hacían sentir seguro. Como ver a mi madre esperándome cada día. Ella nunca tenía que prometerme que allí estaría cada tarde, no necesitaba recordármelo porque ese ya era un hecho probado. Porque mamá sabía estar, no solo quedarse, ella sabía estar. Porque hay gente que se queda pero no está, como también hay gente que aunque tienen que irse, a su vez saben cómo estar y te lo hacen sentir.

> "Porque hay gente que se queda pero no está, como también hay gente que aunque tienen que irse, a su vez saben como estar y te lo hacen sentir."

En cuanto yo llegaba, hacíamos juntos la tarea de la escuela mientras ella preparaba algunas comidas que vendía.

Entonces salíamos a repartirlas hasta alrededor de las 7:00, porque de acuerdo a su propia ley, yo debía estar en mi cama antes de las 9:00 de la noche.

Antes de dormir, ella sacaba su Biblia y me leía algún pasaje de los Salmos, mencionaba algunos nombres y me decía:

—Aprende de José mijo. Él era un soñador como tú. Un extranjero que tuvo que enfrentar muchas cosas, pero logró todos sus sueños con mucho esfuerzo y fe.

Pero hoy no se sentía tan sencillo como aquellas noches antes de dormir, hoy mi fe se estaba reduciendo a nada y las oraciones de mi madre parecían no funcionar.

Demasiadas cosas se me acumulaban ese día mientras manejaba de regreso a casa. Entonces la volví a mirar y me di cuenta de que no estaba dormida, le vi caer un par de lágrimas y eso me estremeció, pues creo que fue la primera vez que la sentí como derrotada.

—*Mom…?* ¿Estás bien mami? Le pregunté mientras acariciaba su cabello que aunque suave y limpio ya le debía muchas visitas a algún estilista.

Respiró profundo, como intentando suplicarle a sus pulmones que le regalaran oxígeno extra, y luego miró hacia la nada por la ventana del auto. Su respiración se agitaba y cuando le puse mi mano en su hombro ya no pudo más y rompió a llorar.

—No mijo, no estoy bien ¡No estoy bien! — me dijo casi gritando—. Y por primera vez no sé qué hacer. Siento que te fallé, que nada de esto valió la pena. Ahora tienes que volver a un país que no conoces ni entiendes. ¡Qué voy a hacer Dios mío, qué voy a hacer!

—No tienes que hacer nada *mom*, ya lo hiciste todo y lo hiciste bien.

Entonces le apreté su mano muy fuerte hasta que sentí que se fue calmando lentamente.

2. INDOCUMENTADO

Bajamos en silencio del auto y entramos a nuestro departamento en LaPlace. Ese sitio que ha sido mi hogar desde que tengo memoria. Excepto, unos cuantos meses en Chicago cuando yo tenía 11 años.

Al entrar me dejé caer en el sillón de la sala, y en modo cuasi robótico prendí la TV. En realidad no estaba buscando nada, no quería ver nada, mi dedo automático pasaba de un canal a otro mientras mi mente se hacía mil preguntas. Entonces fue cuando me sorprendí llorando mientras repetía en voz alta:

—¡Esto no es justo, esto está mal, esto tiene que estar mal!

Yo solo lo repetía y repetía mientras lavaba mi frustración con las lágrimas que no paraban de salir, mientras mi mente seguía haciéndose mil preguntas.

«¿Cuándo yo fui consciente de que era un indocumentado viviendo en USA?»

Si… yo tenía unos 11 o 12, y un amigo de la escuela que era un poco mayor que yo, me contó entusiasmado que su papá lo había llevado a sacar su permiso para conducir. Era un permiso restringido claro, pero a los 15 yo podría tener un permiso para manejar si un adulto me acompañaba.

Aquel día en cuanto bajé del *bus* asalté a mamá con la gran noticia:

—¿*Mom* tú sabías que a los 15 yo puedo tener una *Driver Licence*?

—¡Usted está muy chiquillo para querer manejar! ¡Vaya a leer algo que eso sí le hace falta! —dijo sin poder mirarme a la cara.

—Pero *mom* —contesté contrariado—. Yo solo te decía que pronto la podré tener, no tienes que enojarte.

—No, no la vas a poder tener hijo —me dijo ya con un tono calmado. Ese tono que yo conocía muy bien, y que ella utilizaba cuando me iba a decir algo realmente serio.

—¿Por qué no mami? —le contesté incrédulo.

—Nosotros somos indocumentados en este país mijo —contestó sin poder mirarme.

Y quedé en silencio, como en blanco, sin palabras, pues sabía de qué me estaba hablando.

Yo también era un indocumentado... otro entre tantos. Ahora entendía por qué tantas excusas para no ir a México en vacaciones, o cuando fuimos hasta Chicago en auto porque ella, supuestamente, tenía miedo de los aviones. Entendí por qué no teníamos seguro médico y por qué la asustaban tanto los policías, y más aún, cuando alguna vez nos cruzaba el *Border Patrol* (Patrulla fronteriza).

A partir de ese momento nada fue igual. No sé que sucedió en mi cabeza pero los temores de mamá se convirtieron en mis temores. Ahora no solo se trataba de mi nombre, de hecho todos me llamaban *JC* pero eso ya ni siquiera me preocupaba. Si tan solo se tratara de mi nombre sería tan tonto quejarme. Había más en mi historia… si yo no podía tener mi permiso para conducir, entonces tampoco tendría un permiso de trabajo, ni un número de Seguro Social. Yo simplemente no existía, era una sombra fuera del sistema.

Mi vida tenía un muro inmenso que me empujaba hacia atrás y no dependía de mi esfuerzo o el empeño que le pusiera a mis estudios. Era como avanzar hacia la nada… Y todo se volvió tan raro, tan complejo, tan inexplicable.

¿Por qué mi madre me exigía que estudiara? Yo no podía llegar a la Universidad, no podría alcanzar mis sueños.

3. JUAN HOLMES

Aquella noche, en medio de mi angustia, de mi imposibilidad, de mi frustración, me arrojé sobre mi espalda solo para sentir la molestia de un libro a la altura de mi cuello. Me aparté a un lado para esquivar el objeto y allí, un poco incrédulo, quedé observando la Biblia de mi madre. No íbamos mucho a la iglesia pues ella trabajaba sin parar, pero cuando íbamos, recuerdo que yo me sentía tan a gusto; eran esos momentos en que mamá se relajaba y le veía paz en su mirada.

Tomé la Biblia y comencé a hojearla. Mi madre no había sido la gran maestra religiosa, pero a diario ella sacaba tiempo para leer este libro. Me decía que de allí sacaba las mejores historias, especialmente la de José, aquel soñador que tuvo una vida difícil pero que nunca se rindió.

Pasé algunas páginas y en realidad no le encontraba mucho sentido. Todo se veía tan fantasioso, tan distante. Pero por alguna razón seguí hojeando y sin mucho andar, allí en el libro de Génesis estaba su nombre.

—Hola, desconocido —recuerdo que le dije con una sonrisa irónica.

Siempre escuché decir que Dios hablaba a través de ese libro, así que después de saludar quedé a la espera de alguna respuesta (absolutamente convencido que no llegaría). Luego de aquel ejercicio racional, la curiosidad me ganó y quise buscar un poco más. ¿Quién era? ¿De dónde vino? ¿Qué tenía él que ver conmigo? ¿Por qué mamá insistía tanto en ese nombre?

—Bueno amigo, si eres tímido, espero te escondas muy bien porque voy a investigar cada detalle de tu vida —dije en tono algo burlón y me acomodé para leer.

Recorrí unas cuantas páginas hacia atrás, y comencé con los nombres más famosos, Adán y Eva, Noé y su gran barco, la Torre de Babel, y luego Abram, quien en realidad era el bisabuelo de José.

Me sentí muy Sherlock Holmes, o Juan Holmes en realidad al descubrir la línea familiar de mi investigado.

Algo me llamó la atención en ese momento. Dios le pidió a Abram que saliera de su tierra y que fuera en busca de un nuevo lugar para vivir.

«Ujum» —pensé inmediatamente aun enojado— «Si no llevas una visa, vas a tener muchos problemas en tu viaje amigo»

En ese momento quedé como en pausa, y me di cuenta de que los inmigrantes andaban por todos lados en este libro. ¿Cómo un problema tan antiguo aún no se había resuelto? Adán y Eva debieron irse del Edén; Noé subió a su barco y también se fue (y pensé en la analogía de los cubanos y sus viajes en balsas hacia la Florida); y el famoso Abram dejó su tierra para ir en busca de un lugar sin nombre.

El asunto comenzó a volverse interesante y seguí leyendo. Descubrí que a Abram le cambiaron el nombre por Abraham quien tuvo dos hijos, a los que llamó Ismael e Isaac. Estos chicos nacieron en medio de una situación bastante complicada. Y empaticé con Ismael, pues aunque era hijo legítimo de Abraham, su vida, desde pequeño, estuvo marcada por las diferencias y el rechazo.

Isaac creció y se casó con Rebeca de quien tuvo gemelos: Jacob y Esaú; pero fue Esaú quien nació primero, por lo que le correspondían ciertos privilegios. Rebeca tenía actitudes un poco raras y junto a Jacob engañaron a Isaac, quien ya estaba viejo y ciego, para que su hijito mimado recibiera los privilegios que correspondían a su hermano.

Realmente estas no me parecían familias muy ejemplares y comencé a sentir que José, quien era el motivo de mi búsqueda, era parte de una familia bastante complicada.

Por el engaño a Esaú y a su propio padre, Jacob debió huir e ir a pedir refugio a casa de un tío llamado Labán.

«Ahí está» —me detuve repentinamente— «Otro que se va… Parece que por alguna razón todos en estas historias terminan siendo inmigrantes» —me decía una y otra vez— «¿Y cómo es posible que este país que se siente tan feliz de ser un país cristiano no ha visto a los inmigrantes de otra manera? ¿Será que estos cristianos no leen su propio libro?»

Así que sin darme cuenta, mis sentimientos hacia los inmigrantes, y hacia mí mismo, comenzaron a cambiar.

Cuando Jacob llegó a casa de su tío, descubrió que éste tenía una hija, tan pero tan hermosa que quedó profundamente enamorado de ella. Y en un arranque, quizás precipitado, le dijo a su tío Labán que trabajaría para él siete años a cambio de Raquel como esposa.

Luego de cumplir con su parte del trato y trabajar durante siete años, su suegro, quien era un timador, le llevó a su habitación (o carpa supongo) a su hermana Lea. ¡Así como lo lees! ¡Trabajó siete años, y le llevaron a su cama a la novia equivocada! Creo que habría que ser muy pero muy despistado para no darse cuenta; pero a la mañana siguiente cuando la luz iluminó su tienda, oh sorpresa rara: ¡Era la cuñada!

En fin, su ahora suegro se excusó diciendo que era costumbre que la hija mayor debía casarse primero. (Cosa que no sé cómo durante siete años nadie le dijo a Jacob). Así que habiendo casado a la hija menos agraciada, ahora Jacob debió trabajar otros siete años para tener el derecho al matrimonio con Raquel.

Seguí leyendo y siguieron las sorpresas. Encontré una historia que parecía repetirse. De la misma manera que la abuela Sara, esposa del abuelo Abraham era estéril, Raquel también lo era. Y aunque era la esposa preferida de Jacob, no le podía dar hijos.

Entonces ellos aplicaron el mismo remedio que quiso aplicar Sara, y que de hecho le trajo muchas tristezas. Raquel le pidió a Jacob que tuviera un hijo con su criada y así ella podría adoptarlo como propio.

Pero en la medida que Jacob tenía hijos con la criada de Raquel, Lea por su parte, aunque tenía hijos propios, no quería quedarse fuera de la competencia y también le dio una de sus criadas a Jacob para que tuviera hijos con ella.

Así que la cuenta creció, y Jacob terminó viviendo con 4 mujeres de las que llegó a tener doce hijos y una hija.

Esta no se veía como una familia ideal para estos 12 chicos y la chica. Y para sumarle al conflicto, entre estos 12 varones había dos especiales, pues finalmente Raquel había quedado embarazada y tuvo a José (su primogénito y causa de mi lectura, y Benjamín, el menor) aunque lamentablemente Raquel murió en el parto de éste último.

Así llegó José, huérfano, mimado por su padre, con tres madrastras, y con 11 hermanos bastante complicados.

4. JOHNNY

Muy enfrascado estaba en mi lectura cuando de repente mamá apareció en la sala con rostro alarmado.

—¿Tienes hambre hijo? Perdón, me quedé dormida y no he preparado nada.

—No, Má, está bien por mí, no tengo hambre —le dije sin apartar la mirada del libro que tenía en mis manos.

—Bueno mijo, tampoco yo —me contestó mientras se desplomaba en su sillón favorito. En ese que luego me pedía que le tendiera la mano para levantarla porque se hundía demasiado en él—. Pero sí me gustaría un jugo —prosiguió.

—Ok *mom*, voy por el jugo y vuelvo.

Le traje un jugo de mango (su favorito), y tras el primer sorbo me dijo.

—¿Leyendo la Biblia mijo?

—Sí Má, quiero entender un poco todo esto. Tu José no tuvo una familia muy buena —le dije con mi mirada clavada al techo.

—No mijo, no la tuvo. Por eso siempre te lo pongo de ejemplo, porque la tuya tampoco lo ha sido.

—¿Qué quieres decir *mom*?

—Yo tenía 15 años —comenzó a contarme mientras bebía despacio el jugo—, era mi fiesta, y todos en la colonia vinieron para celebrar…

Yo estaba muy atento, pues había una parte misteriosa en la vida de mamá de la cual nunca hablaba. Su descripción era tan clara que me descubrí volando a México y sintiendo el olor a la cocina de la abuela.

—Esa noche, conocí a alguien que no era del pueblo, había llegado con su familia por un asunto que… Bueno, eso no importa.

Mientras me contaba la historia, yo percibía que ella parecía insistir en mantenerme lejos de esa gente.

—Era una familia de gringos que había llegado a Mapastepec y tenían un hijo de unos 16 años, él no hablaba muy bien el español, pero esa noche caminó directamente hacia mí y muy colorado me dijo:

—Hola, soy Johnny.

—Hola —le contesté— y desde ese momento comenzamos a hablar cada día. De alguna forma él siempre se las ingeniaba para encontrarme.

A mamá evidentemente le entusiasmaban aquellos encuentros, pues mientras me contaba, parecía estar viviendo cada detalle. En realidad creo que aún le entusiasmaba, pues sus ojos brillaban de un modo que no recuerdo haberlos visto brillar así. Hablaba de estos encuentros como de los momentos más especiales de su vida. Ella no me dio detalles, pero ese señor Johnny la enamoró y habló con el abuelo para poder ser su novio.

El abuelo, que era un mexicano sureño muy tradicional, aceptó, pero no sin antes colocar reglas muy estrictas que debían ser seguidas so pena de temibles castigos.

—Pasaron unos dos años —continuó contándome— y un día Johnny fue a buscarme... Su rostro venía acompañado de alguna mala noticia. Recuerdo cómo sus labios temblaban y no se atrevía a mirarme a los ojos. Finalmente se armó de valor y me dijo:

—Tenemos que regresar. Nos vamos a Louisiana.

—¿Nos vamos? Le dije ingenuamente, casi pensando que también me iría —siguió mamá.

—¡Espera, espera! ¿A Louisiana? —interrumpí a mamá—. ¿Tu novio vivía aquí? ¿Dónde?

—Él me decía que vivía en Baton Rouge, pero sus abuelos vivían en New Orleans. Por eso nunca quise irme de LaPlace, para estar entre New Orleans y Baton Rouge, con la tonta esperanza de que un día podría cruzarme con él.

Yo quedé en *shock*, no podía creer lo que escuchaba, todo parecía una tonta novela que yo no entendía del todo y no sabía si quería escucharla, pero aquella noche mi mamá, al parecer, estaba dispuesta a contarme.

—Queríamos aprovechar cada segundo de lo que parecía ser el último día de nuestras vidas —siguió diciendo mamá—. Esa noche desafié las reglas del abuelo, y salté la ventana para estar con Johnny. Y fue la última vez que lo vi. Muy temprano en la mañana salieron con sigilo para nunca regresar. Johnny me explicó que sus padres estaban recibiendo amenazas de alguien que les exigía dinero. Las amenazas crecieron y ellos debieron irse para proteger a su familia y cortaron todo vínculo con México.

Mamá me miró a los ojos y me dijo:

—¿Ahora entiendes por qué no conoces a tu padre mijo?

Yo quedé pálido y desconcertado. Me sentía enojado, entusiasmado, frustrado, engañado. Eran tantas emociones juntas, que no sabía cómo reaccionar.

Le pedí a mamá que se detuviera, le besé la frente y me fui a mi habitación.

«¿En serio?» —pensé— «¿Soy hijo de un ciudadano americano? ¿Vivo como indocumentado en el país de mi padre y acabo de recibir una orden de deportación?»

Entonces mi enojo explotó. Me sentí enojado con mi madre, mi padre, con Dios, con el sistema. Enojado con todo y con todos los que me rodeaban.

Alguna vez en un video de YouTube escuché a un tal Küppers decir que los seres humanos éramos "como bombillas". Que algunos andan a 30 000 vatios por la vida y otros andan fundidos. Él no se cansaba de decir que teníamos que ser amables y positivos porque siempre hay algo bueno dentro del todo. Pero aquel día y sin saber por qué, su video venía a mi mente pero no para ayudarme, el recuerdo de este profesor me molestaba aún más. Me habría encantado tenerlo frente a mí para decirle que estaba equivocado ¡Mil veces equivocado! ¡Qué no alcanzaba con ser amable y positivo! Que toda su charla motivadora no servía para nada, porque yo quería andar a 30 000 vatios por la vida, pero fue la vida la que me fundió, la que me apagó, la que me bloqueó y no me dejaba opciones para seguir. ¿Qué podía hacer yo para ganarle a aquel cúmulo de enredos que había heredado? ¿Dónde estaba el lado positivo y feliz de esta estúpida historia?

«Yo no pedí nada de esto» —me decía, sin poder contener las lágrimas— «No sé quién es mi padre. Por otro lado, mi madre se ha esforzado tanto para nada, y llevo toda mi vida en un país en el que no tengo futuro ¿Solo porque mi madre vino en busca de su novio?»

Yo apretaba mis ojos como queriendo dormirlos en contra de su voluntad. Quería contener aquella tormenta de emociones que explotaba dentro de mi cabeza.

Apagué la luz de mi habitación, y allí, a oscuras, tuve la primera conversación seria con Dios. No es que yo tuviera muchas ganas de hablar con él. Solo quería hablar con alguien que no me interrumpiera y para eso Dios era ideal. Así que le tocó a él cargar aquella noche con mi lista de reclamos.

La experiencia fue extraña, pues en la medida que le hablaba, mi enojo parecía ir apagándose, para aterrizar en muchas, pero muchas lágrimas.

Cuando pasó mi explosión, mis reclamos y mis lágrimas, algunas cosas comenzaron a organizarse dentro de mí. Lo que leí en la Biblia aquella noche comenzó a tener cierto sentido y extrañamente todo comenzó a volverse muy, pero muy real.

Ya no eran simples historias antiguas. Eran personas, personas con sus vidas, sus frustraciones y sus triunfos. Vi solo a personas que fueron víctimas de otras víctimas, y cuando esa cadena de víctimas comienza a hacerse larga, parece que no hay forma de cortar el ciclo.

Parece que las soluciones desaparecen al hundirse en los desastres que las "bombillas fundidas" suelen heredar a quienes le siguen.

«¿Y por qué mamá no me comparó con Isaac?» pensé, «Al fin y al cabo, yo había sido un hijo tan consentido y mimado por su madre como lo había sido él. O con Jacob, quien fue engañado tontamente durante años por su suegro, así como había sido engañado yo por mi propia familia. ¿Por qué José?»

5 JOSÉ

Dormir parecía ser una utopía, por lo que salí a la sala en busca de aquel libro de mamá. Y allí estaba, abierto justamente en el Génesis, donde lo había dejado… ¡Pero no! No pienses que te voy a decir que un ángel vino y la abrió allí para mí. No, fue mi madre, pues ella estaba segura de que yo necesitaba otras respuestas. Solo que esta vez, no bastaba que ella me contara una historia; esta vez me tocaba a mí. Yo necesitaba buscar, preguntar, indagar.

En aquel momento yo estaba seguro de que las respuestas no iban a estar en una Biblia, pero era lo más cercano que tenía, y me inquietaba una profunda curiosidad sobre ese nombre con el que mi madre me comparaba con tanta insistencia.

Quizás yo había visto muchas series en Netflix de esas que hablaban de códigos ocultos y misteriosos, y por alguna (quizás tonta) conexión en mi cabeza llegué a pensar que investigando a José podría encontrar respuesta a alguna de mis tristes realidades.

Cuando comencé a leerlo nuevamente, ya no vi a un José del otro lado del mundo, no lo imaginaba como un hebreo moldeado a las costumbres egipcias. En mi mente lo veía más mexicano, más como yo, joven, huérfano y mimado, muy mimado por su padre. Estoy seguro de que durante mucho tiempo José sintió que tenía una vida perfecta, como también lo pensé yo hasta hace muy poco. Pero todos somos hijos de historias viejas, de circunstancias. Y demasiadas veces simplemente somos víctimas de víctimas.

> "… somos hijos de historias viejas, de circunstancias.
> Y demasiadas veces simplemente somos víctimas de víctimas."

En el caso de José la cadena era larga. El bisabuelo Abraham y sus decisiones… Sus preferencias y diferencias entre sus dos únicos hijos. Cosa que influyó mucho en Isaac, quien un día vio cómo su hermano se iba solo para que no ocupara su lugar en la casa. Y luego para él no fue cosa rara preferir a Esaú sobre Jacob. Y éste último, con aquel horrendo desorden familiar, terminó repitiendo el patrón de sus antepasados prefiriendo a José por encima de todos sus hijos.

Víctimas… Víctimas de otras víctimas y sin la intención de parar con esa loca cadena de desequilibrio. Gente que quizás pensó que hacían lo mejor que podían. Así como mi madre, quien con toda certeza estaba en su habitación haciéndose mil reproches al saberme triste y enojado, pero sin saber cómo arreglar todo aquello.

> "Parece que la vida no es otra cosa que historias repetidas. Historias donde cambian solo los nombres de los personajes y las locaciones, pero el guion sigue siendo el mismo."

Parece que la vida no es otra cosa que historias repetidas. Historias donde cambian solo los nombres de los personajes y las locaciones, pero el guion sigue siendo el mismo.

Entonces volví a mi habitación y prendí la lámpara de mi mesita de luz. Y esta vez, sin sonrisas irónicas o burlas, lo busqué.

—¿José estás ahí? Soy Juan, Juan Carlos Urreiztieta.

Aquella noche repetí mi propio nombre tan mexicano como pude. Y escucharme decirlo fue algo raro, escuchar el sonido de mi nombre en mi propia voz me estremeció, me hizo verme a mí mismo, sentirme. Y una nueva sensación se apoderó de mí, no era nada místico ni sobrenatural, era yo conmigo, yo intentando quererme como en realidad era: Un mexicano de Mapastepec. Y una y otra vez me seguí repitiendo: Juan Carlos Urreiztieta, de Mapastepec México, Juan Carlos Urreiztieta, de Mapastepec México, Juan Carlos Urreiztieta, de Mapastepec México.

Y le agradecí a Dios por tener un nombre y por ser alguien, por saber mi origen y poder recordarlo, y justo aquella noche mientras me encontraba conmigo, conocí a José.

—Sí Juan, aquí estoy —me dijo desde el libro.

Esa noche sentí que hablaba con alguien real, parecía que de pronto aquel libro cobraba vida, era algo así como "La Historia Sin Fin" en la que Bastian se encontraría con Atreyu para salvar al Reino de Fantasía. Yo sentía a los personajes muy cerca de mí, y pude entrar a sus páginas y comenzar a tener una larga charla con uno de mis grandes amigos: José, José el *Dreamer*, un soñador como yo.

6. EL *DREAMER*

—Creo que tenemos más cosas en común de lo que jamás pensé —le dije a José aquella noche.

—¿Por qué dices eso? —contestó mientras se acomodaba un abrigo muy colorido.

—Hey, en casa mamá tiene un sarape muy parecido a tu abrigo —le dije como queriendo romper el hielo.

—¿Sarape? —Me dijo con la mirada un tanto perdida—. Pues un abrigo como este casi me cuesta la vida —continuó.

—¿La vida por un abrigo? mmmm creo que eres más especial de lo que pensaba.

—Imagina a una familia de 12 hermanos y una hermana —siguió hablando mientras se sentaba la borde de la cama—, y a papá se le ocurrió regalarme un abrigo como este. Para mis hermanos fue totalmente injusto, y con toda razón. Pero yo era solo un niño mimado y no veía la magnitud del problema.

—Sí José, muchas veces solo quisiera volver a ser niño. Todo era más simple, parecía que todo sencillamente sucedía y yo no tenía que preocuparme —le dije mientras me olvidaba de su abrigo y volvía a concentrarme en mi problema.

—¿Sabes que soy un indocumentado en este país? —le dije con desazón en la voz.

—¿Y eso qué significa?

—Significa que no tengo permiso para vivir acá. Significa que no puedo viajar libremente. Significa que no puedo continuar con mis estudios, que estoy fuera del sistema, que no existo, y que cuando prendo la tele siempre están hablando de nosotros.

—¿Tú quisiste venir a vivir acá? —dijo mirándome a los ojos.

—¡No! —contesté inmediatamente.

—¿Y por qué no regresas? —prosiguió como asumiendo la respuesta.

—¿Regresar? ¿A dónde? Vivo acá desde que tenía cinco años y ni siquiera puedo hablar bien el español.

—¿Entonces, qué puedes hacer? —me dijo, como tratando de hurgar un poco más profundo.

—Hubo un momento en el que pensé que todo se iba a solucionar —comencé a contarle—. Sucedió la mañana del 15 de junio de 2012. Mamá estaba tan emocionada. Me llamó casi gritando mientras parecía que iba a derribar la puerta de mi habitación: —¡Hijo ven a ver esto! ¡Los van a legalizar! ¡Los van a legalizar! —repetía.

El entonces presidente Barack Obama había firmado una medida ejecutiva en la que aquellos que habíamos llegado a USA siendo niños, si cumplíamos con ciertos requisitos, podríamos recibir un número de Seguro

Social, y eso habría puertas a un permiso de trabajo y una licencia para conducir. ¡Era extraordinario!

—Espera, ¿Permiso de trabajo? ¿De verdad necesitan un permiso para poder trabajar? —me dijo José, extrañado.

—-Bueno, puedes trabajar sin el permiso, pero muchos empleadores abusan cuando tienes esa condición. Estás como al final de la fila, haciendo los trabajos que nadie quiere y recibiendo la peor paga. Existe una especie de alternativa, en la que puedes tener un número de identificación para pagar impuestos y eso te da cierto margen de legalidad, pero sigue siendo muy limitado.

—Así que no te dan permiso para trabajar pero sí aceptan tus impuestos... vaya cosa extraña —me dijo con cara de alguien que sabía lo que decía—. ¿Pero y qué sucedió entonces? —me preguntó sentándose en la silla que estaba frente a mí como para no perder detalles.

—No es que el presidente Obama fuera el benéfico de los inmigrantes —le dije—, pues algunos aseguran que rompió récord de deportaciones. Pero lo que acababa de firmar era algo extraordinario. Alguien nos estaba tomando en cuenta y nos daba una oportunidad. La orden del Presidente se dio a conocer como: *Deferred Action for Childhood Arrivals* DACA (Acción Diferida para los Llegados en la Infancia), y yo cumplía con todos los requisitos que anunciaban. Ese día mamá me invitó a uno de sus restaurantes favoritos; me decía que ese era un día para celebrar. Desde ese momento los medios nos cambiaron el nombre, o no sé si fue antes, pero a partir de ahí lo comencé a escuchar. Ya no éramos los indocumentados, ni los ilegales. Ahora éramos los soñadores… los *dreamers*.

—¿Y cuáles eran tus sueños Juan? —me dijo José como preparándose para comenzar a hablar.

—¿Mis sueños? Pues el sueño de cualquiera, ser normal supongo y tener una vida. Pero… en realidad yo estaba acá por causa de un sueño ajeno. No era mi sueño, nunca lo fue. Este era el sueño de mi madre, ella quizás soñó encontrarse con su Johnny. Quizás soñó con una mejor vida para mí; no es que fuera un mal sueño, pero no fue mío. Yo no pude elegir vivirlo o negarme a buscarlo; ella soñó por mí y ahora estoy aquí como entre la espada y la pared. Y me siento mal conmigo porque sé que la estoy culpando y eso me hace sentir perdido, confundido, porque ella ha sido extraordinaria, ha trabajado sin descanso para convertirme en mi mejor versión posible para mí mismo. Supongo que ella solo tomó las decisiones que consideró mejores, pero…

—Sí amigo, no tienes que explicarlo. Creo que te entiendo perfectamente. ¿Te has preguntado por qué me llaman José el Soñador? Pues lo gané porque los sueños en mi vida fueron el disparador que lo cambió todo, y demasiadas veces en esos cambios no había nada que pareciera bueno.

7. SUEÑOS AJENOS

Escuchar a José me hizo pensar aquella noche en el valor de los sueños. Sueños que cambian dramáticamente nuestra historia. Yo siempre había escuchado casi como poesía: "Soñar no cuesta nada". Pero no era verdad, para nada lo era. Sí, había, hay, y habrá un precio que pagar, un precio muy alto que no todos están dispuestos a soportar.

> "... hablo de los que sueñan de verdad, de los despiertos que sueñan y persiguen sus sueños, de quienes escriben lo que vieron para no olvidarlo."

Y no hablo de los que solo dejan volar su imaginación para saborear sus fantasías, hablo de los que sueñan de verdad, de los despiertos que sueñan y persiguen sus sueños, de quienes escriben lo que vieron para no olvidarlo. De quienes pegan aquella lista con fotos recortadas en las paredes para recordarse a sí mismos cuál fue el camino que descubrieron aquella madrugada en la que miraban al cielo. Hablo de esos insistentes que no se conforman con volar sobre nubes, sino que toman riesgos y le apuestan a la vida para ganar. Los *dreamers*, esos que inspiran a quienes vienen detrás o a los que escuchan sus historias. Los que ya pasaron pagaron un precio, y los que continúan en el viaje son conscientes de ello. Sí, el precio, el valor de los sueños, y ese precio no suele ser bajo.

> "… esos insistentes que no se conforman con volar sobre nubes, sino que toman riesgos y le apuestan a la vida para ganar."

Así estaba yo, intentando ocultar mis reclamos hacia mi madre, pero acusándola definitivamente. Culpándola por mi condición y responsabilizándola por mi fracaso en este país.

Es cierto que no fue mi sueño, pero... ¿Era un mal sueño? ¿Estaría yo en condiciones de asumir aquel sueño ajeno o me sentaría con mis resentimientos a discutir conmigo mismo y culpar al universo? Resentimientos, quejas, justificaciones... ya sabía que esa era la actitud de los perdedores, y ese era un título que definitivamente no quería para mí.

Era una guerra devastadora dentro de mi cabeza. No quería aceptar que otros soñaran por mí, aunque ese "otro" fuera mi propia madre.

¿Y si se hubiese quedado en México? ¿Y si hubiese pensado en otra alternativa en lugar de venir, sabiendo que hacía algo ilegal? ¿Habría tenido ella otra alternativa? Y si la tenía ¿Sería mejor que la que ella eligió?

Yo sabía que todas eran preguntas sin respuestas, pues mi cabeza no lograba construir nada seguro sobre lo que no sucedió, y mis especulaciones no me ayudaban en ese momento. Mi realidad ahora era otra, diferente, y mía, muy mía. Ya no era mi madre, ya no eran sus decisiones… ahora era mi historia, y me tocaba escribirla.

Lo que sucediera a partir de este momento era mi responsabilidad, ahora era yo quien tenía las manos al timón, y de alguna manera estaba seguro de que aquel era un momento definitivo.

¿Será ese instante al que le llaman crecer? ¿Será que es justo allí cuando comenzamos a madurar, o estaba pensando todo esto porque ya había madurado? ¿Sería esta la vida de los adultos? ¿Sería esta la vida?

No podía dejar de sentirme como anclado a mi realidad, sin poder retroceder ni avanzar, con una Biblia en la mano y sin respuestas.

Alguna vez escuché a alguien decir que en ocasiones no es preciso querer cambiar las cosas o el mundo en que vivimos, sino entenderlo, pues solo entendiéndolo lo podríamos vivir a plenitud y superar lo que precise ser superado. Y si esto era así, entonces yo debía entender mi historia, mi situación, mi presente.

De hecho ya había comenzado a entender algo: Soñar era costoso, muy costoso; y al menos ese era un punto de partida. Entonces intenté dejar fuera mi autocompasión, mis reclamos, y mis justificaciones, que no me conducirían a nada. Y me pregunté: ¿Es un buen sueño? ¿Estoy dispuesto a pagar el precio?

En realidad no se trataba de que fuera mi sueño o el de mi madre, sino de si era un buen sueño o no.

Entonces volví a mi nuevo amigo *dreamer*.

—Hey José, estás ahí.

—Nunca me fui —me contestó seguro, ofreciéndome toda esa certeza de alguien que acompaña sin prejuicios.

—¿Me contarías tus sueños?

—¿Mis sueños? ¿Qué te hace pensar que fueron mis sueños? —me dijo en un tono que denotaba cierta suspicacia.

—Espera —le dije con cara de cuestionamiento— ¿No eran tus sueños?

—Sí, yo los soñé pero...

—¿Pero qué? —le interrumpí casi con desesperación. ¿Sería posible que este José fuera tan parecido a mí? ¿Sería posible que él también viviera sueños ajenos?

Quizás notando mi desconcierto continuó diciendo:

—¿Crees que alguna vez soñé con ir a Egipto? —dijo mirándome directamente a los ojos, con esa mirada que sostiene toda la certeza del universo—. Yo todo lo que quería llegar a ser era un buen pastor de ovejas, como mi padre y mis hermanos. Pero una noche, una noche cualquiera, una de esas en la que solo te vas a dormir esperando que llegue el día siguiente para seguir haciendo lo que más te gusta, sin planificarlo ni buscarlo, llegó aquel sueño. Yo había soñado antes claro, muchas veces, pero por alguna razón este sueño me pareció curioso. No es que le viera algo superior o místico, inicialmente era otro sueño, uno más. Pero cuando nos reunimos en la tienda principal para desayunar, lo conté con absoluta inocencia o ignorancia de lo que en realidad representaba.

En ese momento, cuando José habló de "inocencia o ignorancia" mi mente reaccionó como por impulso. Ese impulso tan humano en el que nos justificamos hasta la saciedad para responsabilizar a los otros de nuestras realidades negativas. Y lo quise interrumpir para hablarle de ese sentimiento preso que llevaba conmigo y que peleaba por salir. Ese sentimiento de víctima anclado en la idea de estar viviendo un sueño ajeno. Sintiéndome también "inocente o ignorante" de esa realidad odiosa y molesta que estaba viviendo.

> "... ante la imposibilidad que vivimos o percibimos, preferimos victimizarnos y culpar a los otros en lugar de tomar las riendas y salir en busca de una solución."

Y no significaba que afirmarme como víctima iba a resolver mi problema, no, para nada. Solo que así somos los humanos; ante la imposibilidad que vivimos o percibimos, preferimos victimizarnos y culpar a los otros en lugar de tomar las riendas y salir en busca de una solución.

Y justo en ese instante, cuando iba a interrumpir a José, él, como adivinando mis pensamientos, volvió a retomar el control de su historia.

—Cuando comencé a contar aquel primer sueño, nada parecía inusual, pues soñé que todos trabajamos cortando trigo. Y mientras les describía esta primera parte, mis hermanos y mi padre continuaban aparentemente sin prestar demasiada atención. El contenido del sueño se volvió molesto cuando les mencioné que al terminar el trabajo, cuando todos habíamos atado nuestros manojos de trigo, los de ellos rodearon al mío y se inclinaron ante él en señal de respeto. La reacción fue inmediata, algunos solo se miraron elocuentemente y abandonaron la carpa; otros murmuraron utilizando figuras irónicas, y los mayores miraron inmediatamente a papá como esperando una reacción de parte de él.

—¿Pero de verdad crees que ese sueño justificaba las reacciones de tus hermanos? —le dije sonriendo— Si te contara las cosas que he soñado, tu sueño quedaría muy pequeño frente a mis escenas fabulosas de grandeza.

José también sonrió antes de responderme.

—Sí, Juan, pero en mi tierra los sueños no se tomaban a la ligera. Además yo comenzaba a notar que mi padre tenía preferencias conmigo y mi sueño le sumaba una carga de emociones muy fuerte a la situación.

—¿Ves? —le interrumpí— ese es mi problema también. ¿Por qué tenemos que cargar con situaciones que no provocamos? ¿Por qué esa carga innecesaria sobre nosotros? Esas son las injusticias con las que tengo que lidiar y que me resultan no solo inexplicables, sino insoportables.

—Te entiendo amigo —me dijo José con esa tranquilidad que adquieren aquellos que vivieron más y aprendieron de su andar—. También alguna vez me sentí así, pero permíteme continuar. Aquel día simplemente pasó, cada uno realizó sus rutinas y parecían como ignorar aquel sueño inoportuno; hasta que volvió a suceder.

—¿Volvió a suceder? ¿A qué te refieres con que volvió a suceder? —le dije intrigado.

—Otro sueño, otro sueño con una escena diferente pero que parecía seguir hablando de lo mismo... Y cuando todos hablaban del plan para aquel día, yo, tan ingenuo o casi tonto como era, les conté aquel segundo sueño.

—-Espera, espera amigo ¿Estás hablando en serio? ¿Les contaste nuevamente? ¿Acaso en el sueño alguien te indicó que lo contaras?

—No, de hecho no —me contestó sonriente—fue quizás la imprudencia de un niño bastante mimado por papá. Yo comprendo que esa sobre protección no me ayudaba a ver lo que en realidad podía sucederme. Me sentía tan, pero tan seguro con él que nunca pensé que mis hermanos pudieran hacerme algún daño. ¿Pues qué culpa tenía yo de aquellos sueños?

—¿Pero qué fue lo que soñaste esta vez?

—Esta vez soñé con el sol, la luna y las estrellas, doce estrellas para ser específico —José respiró profundamente como repasando las escenas en su mente—, y todas las estrellas, más el sol y la luna se inclinaban ante mí.

—Oh, no amigo, pero ya esta escena era mucho más fuerte —le dije mientras se me escapaba una risa un tanto sarcástica.

—Sí —contestó con el rostro más serio y la mirada un tanto dispersa—. Papá me dijo lo mismo aquel día. Él tampoco se vio muy complacido con mi sueño; y esos sueños solo fueron los disparadores. Mis hermanos se volvieron hostiles y más sarcásticos que tu sonrisa; sus reacciones hacia mí empeoraban cada día.

Y la conversación se hizo larga aquella noche, y mientras hablaba con mi nuevo amigo a través de aquel libro maravilloso que estaba descubriendo, aquel en el que mi madre me enseñó a confiar, muchas cosas siguieron acomodándose dentro de mí. Identificarme con aquella historia me obligaba a pensar que yo debía llegar al final de ella, pues si otro había transitado ese camino y había dejado allí su huella, todo lo que yo debía hacer era seguirla. Seguirla y perseguirla con cuidado, pasión, emoción y fe, mucha fe.

¿Acaso sería esa la esperanza de la que mamá me habló siempre? ¿Esa que se experimenta confiando? Quizás si, porque en mi lectura, en mi conversación con José o con el autor de aquel libro que contenía casi una réplica de mi historia, algo se iba llenando en mi interior, y las respuestas comenzaban a aparecer...

8. EL DÍA "D" Y EL DÍA "G"

Para algunos, quizás el día que cambió sus vidas pudo ser uno de esos en los que recibió la gran noticia. Esa noticia extraordinaria que convirtió un día común en un día genial. Noticias de esas que revuelven todas las emociones buenas que llenan el alma; quizás porque conoció a aquella persona que le iluminó el camino y decidió andarlo de su mano, o cuando se graduó de la carrera que anhelaba, o cuando le ofrecieron aquel trabajo increíble con el que soñaba, o cuando abrió su propio negocio y fue un exitazo. Un gran día, su día Genial (G).

Y casi todos soñamos con un día como ese. Ese que aparece en las películas de finales felices y en los libros de autoayuda. ¿Pero sabes qué? ¡NO ES CIERTO! ¡Ese no es el día que cambia tu vida! Esa es la fantasía que nos vuelve débiles ante la realidad del mundo en que vivimos. Por eso los casinos y la lotería están llenos de perdedores esperando que cualquier mañana aparecerá de la nada su día G y pasarán del cero al diez como por arte de magia.

¿Pero sabes algo? La clave no está en reconocer el día G sino el día D. Ese día que es Definitivo (D), ese en el que debes tomar la decisión que marcará tu rumbo al éxito o al fracaso, porque el día D suele parir un día G. Sí, debes estar muy atento, porque si superas con éxito tu día DEFINITIVO con certeza también llegará tu día GENIAL.

¿Por qué pienso de esta manera? Bueno, es acerca de lo que acabo de hablar con José, mi amigo *dreamer*. Y la verdad es que de acuerdo a su experiencia, tiene mucho sentido.

Fue tan significativa la manera en la que me habló de su día D que cambió dramáticamente ese sentimiento de víctima que me dominó toda aquella noche.

¿Cómo podía él hablarme de manera tan positiva de un día tan desastroso como aquel?

Era un día común de trabajo, según me dijo. Sus hermanos estaban pastoreando el rebaño y su padre lo envió para saber de ellos... Entonces ¡Pum! Estalló el desastre. Sus hermanos no lo recibieron con sonrisas ni abrazos. Llenos de celos y malestar, quisieron matarlo, pero terminaron vendiéndolo como esclavo.

¿Te imaginas? Cuando José me hablaba de esto, me pareció tan dramático que rayaba con la imposibilidad, pero realmente sucedió, según me dijo.

¡Aquel día lo perdió todo! Perdió su casa, su tranquilidad, su padre, y además perdió a sus hermanos. Él siempre pensó que tenía una familia estable muy a pesar de la muerte de su madre. Pero aquel día el desastre se le vino de golpe. Desastre que él no buscó ni anticipó, pero allí estaba, de hijo favorito a esclavo, arrastrado por extraños camino a Egipto.

Por respeto no le pregunté qué sentimientos tuvo aquel día hacia sus hermanos, pero lo sorprendente es que cuando me contaba esta parte de la historia había como una extraña expresión de victoria en su cara.

—¿Y qué hiciste?

—¿Hacer? —contestó con una amplia sonrisa— Cuando eres esclavo y estás atado a un camello que no espera por ti en el desierto, no tienes muchas opciones. Aquel día decidí confiar… Confiar y ser leal a quien me había dado un sueño, el Dios en el que papá me había enseñado a creer. Lamentarme no arreglaría mi situación… Aunque así solemos ser, nos cubrimos de lamentos y justificaciones que nos paralizan, así como estás ahora.

> "… aquel día decidí confiar… Confiar y ser leal a quien me había dado un sueño…"

Entonces sentí como una especie de descarga eléctrica en mis huesos, una de esas sacudidas en la que nos sabes si sentirte avergonzado o argumentar, si pelear o justificarte.

—¿No lo aceptas, cierto?

—No, no lo acepto —le contesté.

Hizo una pausa sin dejar de mirarme y dijo:

—¿Y qué arreglas con esa actitud?

—-Pues supongo que no arreglo nada, pero ese no es el punto —le grité un poco desconcertado y con una carga de enojo que no pretendía disimular—. Mira, José, no vine a ti para que me juzgues, vine para buscar apoyo.

—Y te estoy apoyando —susurró sin perder la compostura—, pero es tu actitud la que no te va a ayudar. Mira, Juan, yo entiendo tus sentimientos, pero no se trata de descubrir el responsable de tu situación, se trata de hacerte cargo de ella. Se trata de aceptar tu realidad y enfrentarla. Se trata de evaluar el momento y seguir adelante. Se trata de ese

> "Se trata de aceptar tu realidad y enfrentarla. Se trata de evaluar... de ese instante único, definitivo, ese en el que descubres que estás a cargo, que no cuentas mas que contigo mismo y con la certeza de la compañía de Dios, o con la ausencia absoluta de tu fe."

instante único, definitivo, ese en el que descubres que estás a cargo, que no cuentas más que contigo mismo y con la certeza de la compañía de Dios o con la ausencia absoluta de tu fe. Porque aunque Dios esté presente, aunque estés rodeado de ángeles, aunque el cielo tenga un extraordinario plan alternativo, nada de eso funciona si te desplomas, si abandonas, si huyes. Es la bifurcación del camino, otro que te hace cambiar de dirección, una dirección que ni siquiera habías considerado.

Cada palabra de José me desarmaba. Los argumentos que yo esgrimía en mi cabeza se venían abajo sin darme tiempo a buscar otros... Y lo vi, lo vi andando detrás de sus dueños, indefenso y destruido, sin presente ni futuro, abandonado por todo lo que alguna vez consideró bueno en su vida. Entonces interrumpió mis pensamientos para hacerme un resumen muy elocuente:

—Si iba a ser esclavo, debía ser el mejor. Pero ten en cuenta querido amigo, que ser el mejor no implica que las cosas van a salir como esperas que sucedan, pues por ser el mejor esclavo terminé en la cárcel, donde también decidí ser el mejor de los presos. Porque no importa cuánto demore, siempre, Juan, escucha bien, siempre Dios encuentra un buen lugar para los mejores. Así fue como un día llegué al palacio del Faraón de Egipto. Porque no se espera a llegar al palacio para ser excelente, no es cuando llegas a la mejor universidad, o cuando tienes el trabajo ideal, no, si esperas por ese momento entonces ese momento nunca llegará, porque mientras la

> "... porque no existen lugares excelentes, existen personas excelentes que construyen mejores lugares."

mediocridad se acumule en tu cabeza y en este loco mundo, solo la excelencia podrá hacer una diferencia positiva. Porque no existen lugares excelentes, existen personas excelentes que construyen mejores lugares. ¿Porque sabes algo? Aunque nunca hubiese llegado al palacio del Faraón, aun así me habría considerado un hombre de éxito, porque en cada lugar en donde estuve viví para hacer de ese lugar, de ese momento, un mejor lugar y un mejor momento.

La charla me dejó pensativo y un poco desconcertado, mis pensamientos se organizaban y desorganizaban con mucha rapidez, pues me había quedado sin blanco para atacar (o al menos era lo que pensaba en ese momento). Yo había colocado el foco de mi frustración en mi madre, mi padre, el gobierno, el sistema; porque aunque sabía que no resolverían mi situación, sí podía colocar mi carga sobre sus espaldas al menos para sentirme un poco más aliviado. Pero comprendí que ese tipo de alivios no ayuda, pues me deja en el mismo sitio y con la misma desorientación.

Esa noche me estaba convirtiendo en un amargado más, otro de tantos que solo pelea contra todos, y mientras tanto quizás estaba dejando escapar mi día D.

9. *IN MY FACEBOOK*

Y recordé lo que había hecho unas horas atrás. Casi con vergüenza corrí en busca de mi teléfono y abrí *my Facebook profile*. Lo que encontré me espantó. Yo nunca fui alguien con muchos seguidores en las redes, simplemente era otro dentro de los muchos que solo notan unos pocos cuando publicas (o re publicas) algo chistoso que otro se tomó el tiempo de crear. Pero aquel día el número se había disparado en comentarios y *likes*.

En mi frustración, un par de horas atrás, no tuve mejor idea que publicar uno de esos comentarios resentidos en los que le escribes a alguien inexistente, o que quizás sí existe pero que definitivamente nunca leerá lo que escribes.

Ese tipo de comentarios que es algo así como una poderosa llave que abre la más horrible "caja de pandora", y tiene la habilidad de reclutar a otros resentidos del *cyber* espacio.

La avalancha de comentarios tóxicos que a nadie ayudaban era asombroso. Críticas, ofensas e insultos de todo tipo se podían leer en mi, hasta ahora, tímida e inofensiva página de *Facebook*.

Y me sentí parte de una cadena formada por eslabones tóxicos que a nadie ayudaba. Cuando lo escribí solo pensaba que era mi derecho hacerlo, ese derecho con el que me justifiqué asumiendo que la libertad de expresión debía ser usada sin tantos remilgos, porque las "verdades", según yo, debían ser anunciadas libres de cosméticos. Y es cierto que de alguna manera liberé alguna presión cuando lo escribí, pero ahora me daba cuenta de que lo que hice fue esparcir el veneno que me estaba consumiendo; y sobre mi veneno se acumularon otros, y la montaña humeaba tanto que alcanzaba aún a quienes solo pasaban a mirar víctimas de la curiosidad.

Entonces sentí que alguien más leía cerca de mi hombro derecho, era José, mi más reciente amigo.

—¿Qué piensas de eso? —me preguntó mientras se sentaba al borde de mi cama y se dejaba caer de espaldas sobre ella.

—La verdad, no sé qué pensar. No me gustan las reacciones José, pero si queremos que algo cambie no podemos guardar silencio. Las cosas hay que decirlas porque de lo contrario nadie hará nada al respecto —le dije tratando de justificarme encontrándole un poco de sentido a lo que había hecho.

Él seguía mirando al techo como recordando, como reviviendo alguna escena que me sirviera justo en aquel momento y entonces dijo:

—¿Y crees que alguno de los que escribió cambiará tu situación? ¿O crees que lo que escribiste ayudó a resolver la situación de ellos?

Entonces vino hacia adelante casi de un salto y continuó:

—No se trata Juan de decir lo que asumes es la "verdad", pues si la dices en el lugar equivocado, en el momento equivocado o al público equivocado, el efecto positivo que esperabas jamás llegará. Y tu "verdad" te terminará frustrando aún más al sentir que tu acto "valiente" de libertad de expresión fue un rotundo fracaso. A ver amigo, no estoy diciendo que debes retroceder o abandonar la lucha, tampoco estoy diciendo que todo está perdido porque sientes que el universo conspira en tu contra. No, no es eso, pero una de las herramientas más poderosas que tenemos los seres humanos es nuestro cerebro, ese que piensa, que evalúa, que consulta, que sabe esperar, observar,

> "… nuestro cerebro, ese que piensa, que evalúa, que consulta, que sabe esperar, observar, considerar. Una herramienta que debe ser utilizada en lugar de abandonarla a los impulsos que lo dominan en los momentos difíciles."

considerar. Una herramienta que debe ser utilizada en lugar de abandonarla a los impulsos que lo dominan en los momentos difíciles.

> "—¿Y cuándo no sabes qué hacer?
> —Cuando no sabes qué hacer, lo más inteligente es no hacer nada."

—¿Y cuándo no sabes qué hacer? —le pregunté casi con desesperación.

—Estoy seguro de que sabes la respuesta, Juan. Cuando no sabes qué hacer, lo más inteligente es no hacer nada, porque si haces lo que no sabes, casi con toda certeza vas a equivocarte. Y es justo ahí donde debes usar tu cabeza. Usar tu cabeza y buscar ayuda y consejo en Dios, pues alguna ventana abrirá él por donde verás entrar un poco de luz. Y cuando la luz entra, comienzas a darte cuenta de que las alternativas, las soluciones que jamás consideraste estaban allí desde siempre, solo que no podías verlas porque estaba oscuro.

Aún parecía bastante lejano aquello que José me decía, un discurso que no estaba seguro si quería o debía seguir escuchando. Pero sostuve el libro con fuerza como para que mi amigo no me abandonara en aquel momento. Algo en mi interior me gritaba que debía seguir buscando, leyendo, preguntando, pues quizás la luz podría entrar e iluminar mi oscuro presente.

—Yo notaba que me miraba de manera diferente a como miraba a los otros esclavos —me dijo José sin siquiera preguntarme si quería escucharlo— cada día que pasaba, sus insinuaciones era más y más evidentes. Pero ella era la esposa de alguien, y no solo la esposa de alguien, era la esposa de mi amo, de mi dueño... En mi cabeza se confrontaban ideas pues aquel podría ser, quizás, un camino fácil para obtener ciertos beneficios como esclavo. En mi batalla mental las ideas peleaban por superarse entre sí, mi realidad intentaba justificar cualquier opción posible pero la lealtad se imponía, esa lealtad que no se intercambia por posibles beneficios, esa que no busca caminos cortos, ya que estos caminos suelen terminar en algún precipicio repentino. Y aun, si no terminaran en un precipicio, mi lealtad me empujaba a elegir ser un esclavo leal a Dios y a sus valores viviendo con la certeza de poder ir a dormir cada noche en paz con mi conciencia. Aun recuerdo el día definitivo (D), ese en el que ella me confrontó y me ofreció su propio cielo, una especie de paraíso raro en el que solo podría vivir siendo un esclavo privilegiado pero con más cadenas de las que ya tenía, porque así suele ser cuando decidimos tomar estos atajos raros, cuando nos vendemos para estar un poco mejor por fuera y asesinarnos por dentro. Y no lo hice, no quería convertirme en mis hermanos, no sería como ellos, no quería deshonrarme a mí mismo, ni deshonrar a mi Dios…

—¿A tu Dios? ¿Pero tu Dios no parece haber ayudado mucho? ¡Primero casi te matan, te alejaron de tu padre y ahora eres esclavo! ¿Ves? ¡Es justamente eso lo que no me gusta de tu Dios! ¿Y tú aún lo defiendes?

—No, no lo defiendo, nunca lo hice, él no necesita que lo defendamos, no es tan débil como para eso. él solo es Dios, y cuando lo

> "...él es Dios, y cuando lo conoces, cuando lo amas de verdad no actúas por lo que él hace o da, solo actúas por quien tú eres y por quien él es."

conoces, cuando lo amas de verdad no actúas por lo que él hace o da, solo actúas por quien tú eres y por quien él es. Cuando amas a alguien y decides no defraudar a ese alguien no existe nada que pueda quebrar tu lealtad. ¿Recuerdas aquel día cuando mis hermanos me vendieron? Pues aquel día cuando me quedé sin mi papá y sin mis hermanos; ya no me quedaba nada. ¿Sabes qué es el desamparo? ¿Conoces ese sentimiento de abandono total, vacío y tristeza? Pues fue Dios quien supo y pudo repararlo en mí. Ese Dios en el que mi padre me enseñó a creer más allá de las circunstancias; ese que ha sido mi única ancla en momentos claves. Porque a veces no necesitas que él haga algo que cambie tus peores momentos, tú solo necesitas que él esté presente, y yo siempre estuve seguro de su presencia. Y aquel día cuando ella me ofrecía su supuesto paraíso, yo estaba seguro de que si aceptaba nunca volvería a pensar en Dios y en mí mismo, sin sentir vergüenza. Y corrí... Corrí como corre un cobarde que escapa. Corrí, porque una parte de mí quería quedarse, una parte de mí me gritaba que aquel era mi momento, mi momento de disfrutar al menos un poco más allá de mi miserable vida. Corrí muy fuerte, no para escapar de ella, sino para escapar de mí.

> "Y corrí... corrí como corre un cobarde que escapa. Corrí porque una parte de mí quería quedarse... Corrí muy fuerte, no para escapar de ella, sino para escapar de mí."

—Pues no te ayudó mucho la escapada, amigo, terminaste preso y solo nuevamente.

—Si Juan, pero... ¿Recuerdas cuando mis hermanos planeaban matarme y luego me vendieron? ¡Hey sobreviví! Y quiero pensar que fue gracias a Él, y ahora cuando vi morir a otros esclavos por menos que esto, mi condena fue la prisión, así que más allá de todo esto yo seguía siendo un afortunado.

—¡Espera, espera! ¿Afortunado? ¿De verdad te considerabas afortunado? —le pregunté casi sin creer lo que escuchaba mientras dije en voz alta—: ¿Será que Küppers tenía razón con sus bombillas?

—¿Küppers? ¿Quién es Küppers?

—Perdón solo estaba pensando en voz alta, continúa por favor.

> "... generalmente no son los hechos los que nos defraudan, son nuestras expectativas."

—Pues claro —continuó— Sabes Juan, generalmente no son los hechos los que nos defraudan, son nuestras expectativas. Esperamos tanto de Dios y de la vida que vivimos insatisfechos por lo que NO sucede en nuestro día. Pero cuando comienzas a descubrir lo positivo de lo que SÍ sucede, y colocas los pies sobre la tierra, los días se hacen más ligeros y comienzas a disfrutar de los pequeños regalos, de lo simple, de lo que llega a tu vida con un poco de luz. Eso es lo que hace la diferencia entre los felices y los infelices, entre los agradecidos y los ingratos, entre los fracasados y los exitosos. Por eso creo que yo era el único preso agradecido en aquella prisión, agradecido por mi regalo de estar vivo y por la certeza de la compañía de mi Dios. Y esa actitud me dio la oportunidad de poder ser útil aun dentro de aquel horrible lugar.

—Creo que entiendo lo que me quieres decir, José. No leo comentarios tóxicos tuyos en ningún lugar de tu perfil. Aunque tenías más motivos que yo, no lo hiciste. ¿Pero eso no sería reprimir tus emociones?

> "… tenemos una necesidad extrema de justificarnos ante los demás, pero en el fondo sabemos que solo se trata de justificarnos para que los demás no piensen mal de nosotros, para que nos admiren y alimenten nuestro ego que nunca se sacia."

—¿Me ves cara de reprimido Juan? —sonrió tranquilo— yo soy totalmente libre de decir lo que pienso, pero… ¿Qué habría yo resuelto con inundar aquella prisión con quejas de autodefensa? Creo que tenemos una necesidad extrema de justificarnos ante los demás, pero en el fondo sabemos que solo se trata de justificarnos para que los demás no piensen mal de nosotros, para que nos admiren y alimenten nuestro ego que nunca se sacia. Pero yo no necesitaba una autodefensa que solo la escucharían otros que estaban en una situación igual o peor a la mía. Algo así como sucedió con lo que escribiste y con quienes te contestaron.

—¿Y entonces, qué debo hacer?

—No puedes controlar lo que sucede a tu alrededor Juan, pero sí puedes controlar lo que sucede en ti. No puedes cambiar lo que sucede a tu alrededor pero sí puedes influir, y esa influencia debe ser iluminadora y positiva, y para lograrla tienes la opción responsable de cambiar lo que sucede en ti. Y no estás solo, para hacerlo, tienes un extraordinario poder contigo. Pero amigo, nuestro problema con

Dios no es acerca de si creemos en él o no, nuestro problema es que él no nos gusta porque no se deja utilizar, y nosotros queremos un Dios que se deje manejar, porque usualmente queremos cambiar las circunstancias, las personas a nuestro alrededor, y los hechos, mientras que Dios insiste en cambiarnos a nosotros. Y habiéndonos cambiado seremos mejor para nosotros mismos y podremos, además, influir bien sobre las circunstancias, las personas y los hechos. Y cuando descubres eso, es como renacer, es el momento de recomenzar y vivir a otro nivel.

> "... no nos gusta Dios porque él no se deja utilizar, y nosotros queremos un Dios que se deje manejar, porque usualmente queremos cambiar las circunstancias, las personas a nuestro alrededor, y los hechos, mientras que Dios insiste en cambiarnos a nosotros."

10. HACERME CARGO

Y me sentí casi avergonzado. Eliminé mi comentario del que definitivamente no me sentía para nada orgulloso y salí a la cocina por un poco de agua. Aquella noche parecía no terminar, pero comencé a sentir que era mi noche. Me estaba replanteando todo y estaba asumiendo la responsabilidad de hacerme cargo de mí mismo y de mi realidad; me estaba aceptando y aceptando el mundo en el que vivía.

En la cocina estaba todo perfectamente limpio, el vaso en el que yo había bebido mi jugo estaba junto al de mamá, dado vuelta hacia abajo y cuidadosamente colocado sobre un paño blanco que ella solía utilizar para secar las vasijas de la cocina después de lavarlas.

Por primera vez me di cuenta de que yo nunca había limpiado lo que ensuciaba. Simplemente usaba y dejaba todo en el mismo sitio: platos, vasos, cucharas... Los que como por arte de magia al día siguiente estaban limpios y en el lugar apropiado. Pero esta noche era diferente, todo lo que había visto acerca de José, su vida, sus actitudes, su lealtad, sus reacciones, y mi vida, mis actitudes, mis reacciones y mi vaso limpio por las cansadas manos de mamá, creaban un poderoso discurso del que no podía esconderme.

Estaba llegando un poco de luz para darme cuenta de que ese tipo de magia que hacía que los vasos al día siguiente aparecieran limpios no existía. Y, si ni siquiera yo era capaz de ver mi responsabilidad con algo tan simple, ¿Cómo podría ser consciente de la responsabilidad sobre mi propia vida?

Entonces corrí a mi cuarto en busca de respuestas, el sueño se había escapado y no tenía intención alguna de regresar.

—¿José? ¿Estás, amigo?

Abrir aquel libro era extraordinario porque podía casi tocar a alguien como yo, alguien que tuvo un proceso muy similar al mío y estaba dispuesto a regalarme extraordinarias pistas.

—Aquí estoy Juan ¿Quieres seguir hablando?

—Sí —contesté de inmediato— ¿Quieres decir que lo que sucede conmigo no es responsabilidad de los otros? ¿Mi madre? ¿Ni de los políticos o el Presidente? ¿No son ellos responsables?

—Sí, también lo son, y tienen un altísimo grado de responsabilidad. Tanta responsabilidad como tenían mis hermanos, o la esposa de mi amo en Egipto. Pero mi punto es que si ellos no cumplen su responsabilidad, eso no debe definir nuestro camino. Pienso que le entregamos a los otros demasiado poder sobre nosotros. Les damos el control de nuestra vida a las personas que nos rodean y cuando le das el poder a alguien para que te haga feliz, también le estás dando el poder de hacerte infeliz, y en ese acto estás anclando tu

> "... le entregamos a los otros demasiado poder sobre nosotros... Cuando le das el poder a alguien para que te haga feliz, también le estás dando el poder de hacerte infeliz, y en ese acto estás anclando tu vida a las decisiones de ese otro."

vida a las decisiones de ese otro. Regalaste tu autonomía, tu libertad y te colocaste a merced de alguien a quien entregaste el timón a tal punto que decidirá si te sientes bien o mal, feliz o infeliz, exitoso o fracasado. Voluntariamente te colocas a merced de las decisiones ajenas, siempre esperando a que el otro haga la primera jugada para entonces descubrir qué será de ti. Por ello vives temeroso y dependiente, y aterrado por el hecho de que ese alguien a quien le diste todo el control pueda dejarte abandonado y deshecho. Y nuestra vida se convierte en un sube y baja que nos descontrola y desestabiliza. Es cierto que los otros tienen responsabilidad sobre nosotros, pero jamás deberían tener el poder de determinar quiénes somos o cómo nos sentimos.

11. ATENTO

—¿Y cómo o cuándo se soluciona? —pregunté un poco más motivado.

—No lo sabes —respondió con la tranquilidad que lo caracterizaba.

—Espera, espera, ¿Tampoco lo sabes? —le dije mientras mi motivación ya iba en caída libre.

—No, no lo sé, no lo sabes. No todo está escrito Juan —prosiguió—, no todo aparece en un sueño, no todo viene en un consejo que te explicará el cómo o el cuándo. Generalmente no sabes, nosotros usualmente evaluamos posibilidades que generalmente se agolpan en la cabeza sin encontrar una solución real, por lo que muchas veces puedes llegar a sentir que vas a enloquecer. Así veía a mis compañeros en la prisión, sus conversaciones pasaban de las quejas a las probabilidades para luego regresar a las quejas y a las justificaciones. Encerrados en sus miserias e idealizando la posibilidad de que algún día los planetas se alinearían para ellos y un golpe de suerte los sacaría de sus horribles situaciones. Encerrados y hablando de cómo debería ser el mundo, (o su mundo) mientras el precioso tesoro del tiempo se les escapaba sin pedir permiso o dar explicaciones. Y mientras estés ocupando tu mente y tiempo en esos caminos por los que demasiada gente transita en grupos o tumultos, es muy probable que jamás encuentres una solución. Recuerda Juan, no tienes el

> "… no tienes el poder para controlar lo que te rodea… Pero si dejas que el descontrol de afuera entre a tu mente entonces estás perdido, dominado, y descontrolado."

poder para controlar lo que te rodea. Demasiadas cosas suceden a nuestro alrededor sobre las que no tenemos absolutamente nada de control, pero si dejas que el descontrol de afuera entre a tu mente entonces estás perdido, dominado, y descontrolado.

—¿Entonces? —dije casi susurrando.

—Entonces debes estar atento. Solo eso, estar atento —contestó como alguien que ya había anticipado mi pregunta.

—¿Atento a qué?

> "¡Despierto y atento! Solo los despiertos conocen su realidad, se conocen a sí mismos, se confrontan sanamente."

Y me miró con aquella típica expresión en su cara. Esa en la que te anuncia que esperaba hubieses captado la idea de lo que te ha estado diciendo.

—¡Atento Juan, despierto y atento! Solo los despiertos conocen su realidad, se conocen a sí mismos, se confrontan sanamente. El despierto que puede elegir esa condición para hacerse cargo de su propia vida en lugar de abandonarse al sueño que lo hace sentir cómodo pero ignorante de su realidad. ¡Despierto Juan, despierto y atento! Despierto para agarrarte de algo que te ayude a salir de la corriente donde te arrojaste o te arrojaron. Poder salir de ese loco y raro pensamiento colectivo que se adueña de los dormidos que dejan de pensar por sí mismos para convertirse en voceros de lo ajeno, en proyectores de imágenes que no son suyas. ¡Despierto, Juan! ¡Despierto y atento! Solo el despierto sale de la corriente, del tumulto y entonces descubre que no había vivido, que solo existía, repetía, reflejaba. Es entonces cuando cambia su discurso, o lo silencia porque descubre que hablaba, pero no decía. Y cuando silencia y se silencia, cuando decide abandonar el ruido, ese ruido de los políticos que solo hablan de política, de los religiosos que no paran de hablar de religión, de los emprendedores que solo piensan en emprender o de los endeudados y sus deudas. Ese ruido que es ajeno, y al ser ajeno no lo puedes detener, pero sí puedes apagarlo.

—¿Cómo hiciste tú? —lo interrumpí casi con miedo a que callara.

—Solo decidí no ser parte de esa loca orquesta —dijo mirando directamente a mis ojos—. Quienes hacen el ruido no te preguntan si quieres ser parte, solo te involucran. Ellos te gritan para que grites, te critican para que critiques, te protestan para que protestes, te ofenden para que ofendas, opinan sobre todo para que opines. Y así, sin darte cuenta ya eres parte de la corriente más ruidosa que puedas imaginar, y ni siquiera te das cuenta de que ya no escuchas lo bonito. Las aves siguen cantando, pero nunca las oyes, las olas siguen golpeando la roca, pero la espuma que salta ahora te es molesta, la puesta de sol sigue siendo al oeste, pero siempre estás de

> "Quienes hacen el ruido no te preguntan si quieres ser parte, solo te involucran…"

espaldas. Lo bonito sigue siendo bonito, pero no para ti, ahora eres parte del ruido y los ruidosos, otro intoxicado en una sociedad que se alimenta de la toxicidad. Y Dios, que nos tiene fe, sigue hablando, insiste con su "silbo apacible" para decirnos que lo bonito nunca se fue, solo está oculto por tanto ruido. Juan —me dijo José aquella noche o quizás madrugada—, el ruido no está vivo, el ruido solo depende de quienes lo emiten, por eso aprende a poner distancia y tiempo de los ruidosos. Abandona el coro y comienza tu propia melodía, despierta Juan, despierta y presta atención.

—¿Y luego?

José solo sonrió antes de decir:

—La impaciencia nos devora amigo. No disfrutamos hoy porque pensamos demasiado en mañana. Y corremos como si estuviésemos compitiendo contra alguien que no logramos definir muy bien, pero no sabemos parar. Recuerdo cuando llegaron aquellos hombres a la prisión —dijo José, como intentando hacer más clara la imagen para mí—, ellos se veían diferentes. Sus modos, su manera de hablar, de relacionarse con los otros y entre sí, todo en ellos hacía evidente que venían de un sitio diferente. Y allí estaba yo, un extranjero hebreo, esclavo y acusado de querer violar a la esposa de su amo quien era jefe principal en Egipto. Y como mi filosofía consistía en ser un buen José más allá de las circunstancias, eso me había convertido en Jefe de la prisión. Allí supe que aquellos hombres servían al Faraón en persona y que eran sospechosos de un intento de asesinato a su señor. Su angustia y preocupación era evidente, y Dios, que suele hablarle a los despiertos, me habló de estos hombres y supe que uno de ellos regresaría a servirle al Faraón mientras que el otro sería culpable de lo que se le acusaba. Y vi la luz entrar por mi ventana, Juan, y supe, una vez

> "... porque de eso se trata la vida, de dejar buenas huellas, de escribir y entonar melodías útiles que ayuden a despertar a tantos otros que pudieran tener una mejor vida pero no saben cómo."

más, que hacer lo correcto en el sitio que estemos es lo que nos prepara para el siguiente paso, porque de eso se trata la vida, de dejar buenas huellas, de escribir y entonar melodías útiles que ayuden a despertar a tantos otros que pudieran tener una mejor vida pero no saben cómo. Entonces le dije a quien servía el vino para el Faraón: "Cuando regreses con tu Señor, háblale de mí".

—¿Y lo hizo? ¿Habló con el Faraón para que te perdonara?

José rio tan fuerte que me hizo fruncir el ceño.

—¿Crees que la recomendación de un sirviente del Faraón de Egipto influiría para ser perdonado por el delito del que se me acusaba? —me dijo aun sonriendo.

—Bueno, viéndolo ahora como lo dices la verdad que no, pero como me dijiste que había sido una especie de luz reveladora de parte de Dios, pensé que eso lo resolvería todo.

—Amigo —me dijo mientras ponía su mano sobre mi hombro derecho— estar atento consiste en poder ver la luz y disfrutarla, en hacer lo que debes y saber esperar, en disfrutar que hiciste lo mejor con la oportunidad que se te presentó y tener

> "... estar atento consiste en poder ver la luz y disfrutarla, en hacer lo que debes y saber esperar, en disfrutar que hiciste lo mejor con la oportunidad que se te presentó y tener la paciencia suficiente como para ver llegar el fruto de lo que acabas de sembrar."

la paciencia suficiente como para ver llegar el fruto de lo que acabas de sembrar. Después de ese día yo podía sonreír conmigo mismo sabiendo que en cualquier momento podría suceder. Yo no estaba ilusionado esperando un evento fortuito que cambiara mi presente, no. Yo seguía atento, pues mientras los demás intentaron intimidar a los recién llegados para hacer sentir bien a sus propios egos en medio de sus miserias, yo estuve despierto y atento para escuchar a Dios y ayudarlos en su desgracia. Y ahora, mientras el resto de los prisioneros seguía lamentando sus tristes vidas, yo solía sonreír en mi interior sabiendo que aquella luz que atravesó mi pequeña ventana me mostraría algo que aun yo no estaba viendo.

12. ¿PAZ?

Algo estaba sucediendo en mi cabeza y apenas comenzaba a darme cuenta. Unas horas antes, mi vida era un desastre, pero por alguna razón que aún no lograba explicar, el enojo se había ido y algunas sonrisas se me escapaban mientras leía.

«¿Será que esto tiene que ver con la lectura?» —pensaba— «¿Será el libro? ¿Será Dios? ¿La historia? ¿José? ¿Yo? ¿Será quizás la suma de todo?»

Es difícil explicar las sensaciones de aquel momento. Era algo así como sentir que me alejaba de LaPlace para mirarlo desde el cielo, y mientras más alto volaba, más simple se veía mi situación. Me di cuenta de que el cuadro era mucho más grande y dentro del cuadro había mucha historia, posibilidades, personas, alternativas, lugares y tiempo.

Fue algo así como relativizar mi problema. A ver, no hablo de idiotizar mi problema, pero sí de relativizarlo.

En realidad yo tenía un problema, uno que debía resolver, pero me di cuenta de que aquel problema mío no implicaba el fin de mi mundo, no porque no fuera grave, sino porque aún tenía opciones, y cuando las opciones comienzan a aparecer ante tus ojos, son como caminos anchos, puertas abiertas o luces en el cielo; son como amaneceres claros, horizontes lúcidos o esperanzas nuevas.

> "Me di cuenta de que el cuadro era mucho más grande, y dentro del cuadro había mucha historia, posibilidades, personas, alternativas, lugares y tiempo."

Yo sabía que solo eran opciones, no soluciones, solo opciones esperanzadoras, porque hay momentos en que la esperanza es suficiente para sonreír y para hacerte sentir que el espacio que te aplastaba comienza a hacerse ancho y cómodo.

Yo no había notado cuánto había avanzado el tiempo aquella noche, pero las respuestas estaban llegando. No soluciones, pero sí respuestas, y paz y esperanza. Mi actitud estaba cambiando y eso me permitía ver todo de otra manera.

«¿Será esta la paz de la que hablan los cristianos?» —pensé.

… Y cuando la calma me sedujo, me dormí…

13. MI VECINO RUSO

Eran alrededor de las 8 de la mañana cuando desperté. Me senté en la cama, sobresaltado, pues ya debía estar entrando a clases. Salí de mi habitación para hacerle algún reclamo a mamá, pero ella no estaba, con certeza ya había salido a hacer su trabajo y una nota pegada a la puerta del refrigerador decía:

"El desayuno está listo hijo, nos vemos en la tarde. Te amo." Mamá

Calenté un poco de café y salí al patio para disfrutarlo. No sentía que fuera un mal día, y era raro porque solo unas horas antes todo apuntaba a que esa sería la peor de mis mañanas en LaPlace. No había ruido y el aire se sentía limpio; me senté despacio y apoyé los codos en la mesa mientras bebía mi café, que esa mañana tenía sabor a tranquilidad.

Entonces volvió a alcanzarme la curiosidad, pues ahora quería saber cómo terminaba la historia de José. Dejé mi taza y fui hasta mi habitación dispuesto a seguir leyendo, pero cuando vi el libro, algo en mí parecía resistirse. Traté de entender el por qué, pero no estaba seguro. Mi lado místico llegó a pensar que podían ser algunas fuerzas misteriosas que yo desconocía y estaban peleando por mí en aquel momento, mientras mi lado racional me decía que solo era mi cabeza asustada de conocer más. Sí, asustado porque teníamos historias tan similares, que un mal final para él habría sido un mal final para mí. Y peleando estaba con mis pensamientos cuando un fuerte ruido en el patio me hizo aterrizar, entonces tomé el libro y salí de prisa.

Una vez afuera no sabía si enojarme o solo reír con él. Allí estaba Nikolay, mi vecino ruso. Medía aproximadamente un metro ochenta, y cuando pisaba parecía que todo bajo sus pies podía temblar.

Aunque ya pasaba los 80 años, su figura corpulenta me intimidaba, no porque fuera violento o molesto siquiera, en realidad Nikolay era todo lo contrario. Parecía un gigante rojizo con cabellos que eran no sé si blancos o amarillentos, pero aun abundantes y mal cortados.

Y como si fuera el dueño de mi patio, estaba sentado a la mesa con un vaso en sus manos. Me miró con su sonrisa espléndida y dijo con acento raro:

—¡Hola, Juanito!

A lo que con toda intención le contesté:

—*Hi Nik*.

—¡No! —dijo mirando fijamente a mis ojos—. *No Nik. My name is Nikolay, Nikolay Petrov* —seguido de alguna especie de mini discurso ruso que jamás entendí.

—Entonces yo tampoco soy Juanito —le dije—¿Quieres café?

—¿Café? —rio a carcajadas para luego preguntarme— ¿Quieres Vodka?

—No, gracias Nikolay. Eso va a matarte.

Y él casi sin darme tiempo a terminar respondió:

> "El día que mueras poco va a importar si te mató el Café o el Vodka."

—El día que mueras; poco va a importar si te mató el Café o el Vodka.

No le respondí, ya había tenido muchas veces aquella conversación con él, lo que me llevó a inventarme el eslogan que siempre usaba frente a un imposible: "Esto es más difícil que quitarle el Vodka a un ruso".

—Es raro que no estés en la escuela hoy. Te vi acá solo tomando tu café, y por la luz en tu habitación toda la noche, creo que algo no está bien —me dijo sin quitar la vista de su vaso que sostenía con ambas manos sobre la mesa.

—¿Tienes miedo que se escape tu vaso? —le dije queriendo ignorar su pregunta.

—No, solo le hago saber a mi Vodka que es mío, y que nada impedirá que lo beba. No soy como tú que abandonas tu café cuando se enfría y simplemente lo tiras. Mi Vodka se siente amado, mientras tu café con certeza necesita terapia —dijo con una sonrisa desanimada.

> "Porque eso nos enseña la vida, nos enseña que cuando no te queda demasiado tiempo aprendes a aprovechar todo el contenido de tu taza, porque no sabes si mañana podrás volverla a llenar."

Los dos reímos de su chiste ruso, pero yo sabía que me diría algo más al respecto y esta vez no sería un chiste. Pues así era Nikolay, aquel gigante de mente brillante a quien conocía desde siempre.

—Ya perdí demasiadas cosas en mi vida Juan, ya no quiero dejar enfriar mi café, ya quiero terminar lo que empecé porque no sé si tendré otra oportunidad de recomenzar. Porque eso nos enseña la vida, amigo, nos enseña que cuando no te queda demasiado tiempo aprendes a aprovechar todo el contenido de tu taza, porque no sabes si mañana podrás volverla a llenar.

—¿No es eso un poco pesimista? —le dije.

—Yo diría que es realista, amigo. Alguna vez fui un idealista, Juan. Las ideas de Vladimir Ilyich Ulyanov, ese que la mayoría conoció con el nombre de Lenin, llenaban toda mi cabeza. Aun recuerdo cuando leí por primera vez "El Manifiesto Comunista" de Marx y Engels, todo aquel sueño de una sociedad distinta formada por un hombre nuevo me ilusionaba. Una sociedad donde el equilibrio sería la medida, y la clase trabajadora tendría el destino del mundo en sus manos basado en la igualdad —él hablaba con una mezcla de frustración y enojo en su mirada que mantenía clavada en su vaso—. Pero nada de eso sucedió —continuó Nikolay— las divisiones, la miseria, la intimidación y el populismo se convirtieron en nuestra realidad. Me sentí tan defraudado que luché con todas mis fuerzas en contra de aquel régimen que separó a mi familia y nos hizo ver como traidores en nuestra propia Rusia. Y para salvarme tuve que huir, yo no quería Juan, no quería venir, pero los ojos de mamá me suplicaban que ella prefería tenerme lejos, pero vivo.

En ese momento, las manos de aquel gigante ruso comenzaron a temblar mientras las lágrimas corrían por sus mejillas muy rojas y marcadas por las arrugas de los años.

Yo pensé quizás abrazarlo o al menos decirle algo, pero solo me quedé mirando mi taza de café ya frío que confirmaba todo lo que Nikolay me estaba diciendo.

—Pasaron algunos años y mi padre desapareció —siguió describiendo sin hacer pausas— mamá vivió triste esperando volver a verlo o verme, pero ella enfermó y también murió. Yo era un desterrado de mi tierra, de mi gente. Me desarraigaron y me sembraron acá donde el calor me mataba y no lograba hacerme entender de ninguna manera. Nunca hice una familia aquí porque siempre quise volver. Volver a la pequeña montaña donde vivieron los míos, desde los abuelos de mis abuelos.

—¿Y por qué nunca volviste? —pregunté como atemorizado de herirlo con sus propios recuerdos.

—Primero tenía miedo, las cartas de mi madre insistían en que no era momento de volver. Luego el comunismo se derrumbó pero ella ya no estaba, y las noticias anunciaban tanta miseria que me intimidaba volver. Y seguí inventándome excusas que repetía cada mañana con mi vaso de Vodka para ocultar aquel miedo raro. Pero ahora, cuando me doy cuenta de que mi tiempo está terminando, todo lo que quiero es sentarme una mañana en esa pequeña montaña. Así que voy a volver, Juan, y solo pensarlo me hace estar feliz nuevamente.

Y mientras él me hablaba, yo no podía evitar pensar en la paradoja del momento. Yo sufriendo por no querer regresar, mientras que para mi vecino ruso el motivo de su felicidad consistía solo en volver.

«¡Qué difícil de complacer somos los seres humanos!» —pensé— «¿Habría agradecido Nikolay una deportación que le hubiese empujado a tomar la decisión que hoy lamenta no haber tomado antes? ¿Qué estaré pensado yo de todo esto cuando tenga más de 80 y esté con mi café sentado a alguna mesa? ¿Dónde estaré entonces y a quién le contaré mi historia? ¿Cómo veré en el futuro lo que hoy veo como algo terrible?»

Quizás fue la providencia la que trajo a Nikolay aquella mañana a mi patio. Pues sin más, bebió su último trago e hizo una rara mueca mientras me decía:

—No vayas a tomar esto, te mataría —luego se levantó y se fue.

Yo quedé solo en mi lugar, apretando fuertemente mi taza, convencido de que el viejo ruso decía la verdad.

—Sigue leyendo ese libro, ahí hay un camino —me gritó mientras desaparecía por la puerta trasera de su casa.

14. EL GRAN SUEÑO

Y volví a tomar la Biblia de mi madre para buscar a José. La última vez lo había dejado en la cárcel con la esperanza de que algo bueno podría ocurrir a causa de su encuentro con uno de los sirvientes del Faraón.

Y en efecto sucedió, el Faraón tuvo un sueño y fue la oportunidad para que el sirviente le hablara de José, quien tuvo la respuesta oportuna para la crisis del momento.

Pero… ¿Otro sueño? ¿De qué viene esto? Sueños y soñadores por todos lados.

Un niño en el campo tuvo un sueño y quería entenderlo...

Un sirviente en la prisión tuvo un sueño y quería entenderlo...

Un Faraón en el palacio tuvo un sueño y quería entenderlo...

«¿Será que son partes de un mismo sueño?» —pensé— «¿Será que hay un sueño más grande del que solo vemos pequeños pedazos como en un rompecabezas?»

> "Soñadores con sus propios sueños, intrigados, curiosos e ignorantes... Pues ninguno sabía que sus sueños estaban vinculados, que eran pequeñas partes de un Gran Sueño, porque Dios sueña grande y nos incluye."

Soñadores con sus propios sueños, intrigados, curiosos e ignorantes. Ignorantes de una realidad mucho más grande, una que no estaban considerando, pues ninguno sabía que sus sueños estaban vinculados, que eran pequeñas partes de un

Gran Sueño, porque Dios sueña grande y nos incluye.

Me entusiasmaba la idea de un poder superior, un Dios que tenía grandes sueños para mí, y que además me daba la libertad de participar o abandonar. Entonces me sentí responsable y comprometido, me di cuenta de que Dios no nos condiciona o nos coloca en caminos obligatorios para andar. Aun cuando en ciertos momentos parece que no tenemos otra opción, cuando la luz no es suficiente para ver un camino, o cuando el Dios en quien creíamos parece ya no estar, es quizás el momento que mejor demuestra nuestra libertad, porque es allí donde

> "… cuando la luz no es suficiente para ver un camino, o cuando el Dios en quien creíamos parece ya no estar, es quizás el momento que mejor demuestra nuestra libertad, porque es allí donde podemos elegir abandonar o continuar."

podemos elegir abandonar o continuar. Y ya no importa si el sueño fue tu idea o de alguien más, en ese instante tú decides si sigues o abandonas.

José me enseñó que en cada lugar que la vida lo colocó tuvo opciones o caminos para tomar. No tuvo todos los caminos, ni todas las opciones, pero siempre tuvo más de una y fue su decisión quien lo llevó por los caminos correctos. Es cierto que las personas o las circunstancias pueden empujarnos, pero aun así tenemos libertad, opciones, elecciones. José las tuvo, Nikolay también y con toda certeza yo también las tenía.

Y si tomaba las decisiones correctas, en algún momento yo también, así como José, podría armar todas las partes y descubrir el sueño de Dios para mi vida, que con certeza debía ser bueno.

—El sueño del faraón tampoco era mi sueño, Juan —me dijo José mirándome a los ojos— pero fue el sueño que me salvó. Porque cuando descubres que los sueños de los otros son otra parte de tus propios sueños, entonces todo comienza a tener sentido.

—¿Crees que algún día el sueño de mi madre y mi propio sueño podrán encajar?

—De eso se trata la vida Juan, de poder descubrirlo. Y es entonces cuando se vuelve emocionante, motivadora, y real. Porque tienes un propósito y cuando lo descubres sabes que el que recorriste fue el mejor de los caminos. Cuando me describieron el sueño del Faraón, aunque podía ver su significado, aún no comprendía que esta era la pieza faltante en el rompecabezas de mi vida. Yo podía tener las respuestas a los sueños de los otros pero no había comprendido el significado de mi propio sueño. Y ayudarlo a él a descubrir su camino me dio un lugar en el

> "... de eso se trata la vida, de poder descubrir el sueño, y es entonces cuando se vuelve emocionante, motivadora, y real. Porque tienes un propósito, y cuando lo descubres sabes que el que recorriste fue el mejor de los caminos."

Palacio, y salvamos el imperio de la miseria. Entonces un día, uno que esperaba sin saber cuándo ni cómo, uno cualquiera, vi entrar a mis hermanos a mi salón y en señal de respeto al Gobernador de Egipto se inclinaron ante mí. Y las imágenes de mis sueños se volvieron reales aquel día, y las respuestas que faltaban llegaron. Y vi en mi historia pasada la más emocionante de las historias, pues aunque tuve capítulos que no comprendí en su momento, ahora todo estaba muy claro. No tenía reclamos, ni interrogantes, ni conflictos. Solo tenía gratitud y propósito, se

> "Y vi en mi historia pasada la más emocionante de las historias, pues aunque tuve capítulos que no comprendí en su momento, ahora todo estaba muy claro. No tenía reclamos, ni interrogantes, ni conflictos. Solo tenía gratitud y propósito, se había hecho realidad mi sueño"

había hecho realidad mi sueño, y pude abrazar a mis hermanos sin resentimientos.

> "Porque no existen los sueños aparte, exclusivistas o egoístas. Somos parte de un sistema, estamos conectados entre nosotros en Dios."

—¿Crees que todos puedan descubrir el propósito de sus sueños?

—Solo los que sueñan Juan, solo los soñadores, los *dreamers* que no se rinden, los que no se doblegan ni abandonan, los que no se justifican o toman caminos cortos y desleales. Los que comparten sus sueños y ayudan a los otros a soñar. Porque no existen los sueños aparte, exclusivistas o egoístas. Somos parte de un sistema, estamos conectados entre nosotros en Dios. Quizás tu sueño completa el mío, por eso nuestras manos y nuestro corazón tienen que estar abiertos para ayudarnos y proyectar luz a los otros soñadores del camino. Respeta, Juan —me dijo José con insistencia— respeta siempre el sueño de los otros, quizás son las pequeñas partes del Gran Sueño que aún no descubres.

Cerré la Biblia, tranquilo... Decidido a vivir cada día y aprovechar todo el contenido de mi taza, a ser fiel y tener esperanza, esa esperanza que no apagaría un juez, un sistema, un país o un padre que nunca conocí.

Mi abogado reabrió el caso y estamos pendientes a otra audiencia. Desde entonces, cada día en LaPlace es el mejor de mis días. También tengo mi teléfono lleno de fotos de Mapastepec, porque puede ser mi próximo destino por redescubrir.

Hoy llevé a Nikolay al aeropuerto, él solo llevaba una pequeña maleta y su bastón, pero nunca lo había visto tan feliz. Y cuando lo despedía con un abrazo me dijo:

—El sueño, Juanito, el secreto está en el sueño, lo demás es una pérdida de tiempo.

"Respeta siempre el sueño de los otros, quizás son las pequeñas partes del Gran Sueño que aún no descubres.
Porque Dios sueña grande y nos incluye."

www.ingramcontent.com/pod-product-compliance
Lightning Source LLC
Chambersburg PA
CBHW031404040426
42444CB00005B/409